新就业形态劳动者入会知识50问

学习强会◎编

U0798581

中国工人出版社

前言

PREFACE

随着新产业、新业态、新模式的蓬勃兴起，企业组织形式和劳动者就业方式发生了深刻变化，主要依托互联网平台就业的货车司机、网约车司机、快递员、外卖配送员等新就业形态劳动者的数量大幅增加，已经成为我国劳动力大军的重要组成部分。

习近平总书记和党中央高度重视新就业形态劳动者入会工作，作出了一系列重要指示。2018 年 10 月 29 日，习近平总书记在同中华全国总工会新一届领导班子成员集体谈话时指出，工会要通过多种有效方式，把快递员、送餐员、卡车司机等灵活就业群体、各类平台就业群体吸引过来、组织起来、稳固下来，使工会成为他们愿意依靠的组织。

作为职工利益的代表者和维护者、亿万

职工的“娘家人”，最大限度地把新就业形态劳动者组织到工会中来、切实保障其劳动权益已成为当前和今后一个时期各级工会的重要任务。

为了让广大新就业形态劳动者全面了解工会、真心向往工会、主动走进工会，在全国总工会基层工作部的指导下，学习强会平台、《中国工人》杂志社联合全国总工会安徽蹲点工作组、江西蹲点工作组、广东蹲点工作组、陕西蹲点工作组，在线上、线下发起了面向新就业形态劳动者的入会问题征集活动。活动结束后，我们聘请了工会领域的专家与工会工作者，对最具代表性的 50 个问题进行了专业解答，并集结成此书。

本书内容集中解答了新就业形态劳动者加入工会亟待了解的三方面问题：一是什么是工会；二是工会能为新就业形态劳动者做什么；三是新就业形态劳动者怎样加入工会。通过阅读此书，让新就业形态劳动者对工会有一个全面的了解，从而真心向往工会、主动走进工会。

书中的入会知识均配有相关的音频内容，适用于各地工会向新就业形态劳动者宣传入会知识时播放。由于时间仓促，书中内容如有不当之处，恳请广大读者给予指正。

编 者

目录

CONTENTS

第一章 认识工会

第二章 了解工会

第三章 加入工会

第一章 认识工会

扫描二维码

收听语音版入会知识

01 工会是一个什么样的组织？

根据《工会法》和《中国工会章程》的规定，中国工会是中国共产党领导的职工自愿结合的工人阶级群众组织，是党联系职工群众的桥梁和纽带，是国家政权的重要社会支柱，是会员和职工权益的代表。中华全国总工会及其各级工会组织代表职工的利益，依法维护职工的合法权益。

新形势下，中国工会的性质主要表现为“三性”。一是政治性：始终坚持中国共产党的领导，把工会联系的职工群众最广泛、最紧密地团结在党的周围。二是先进性：紧紧围绕党和国家的工作大局，组织动员广大职工群众走在时代前列，在改革、发展、稳定的第一线建功立业。三是群众性：开展工作和活动以职工群众为中心，让职工群众当主角，更多关注、关心、关爱普通职工群众，增进对职工群众的真挚感情。

02 哪些人属于新就业形态劳动者?

一般来说，新就业形态劳动者是指伴随着互联网、大数据等现代信息科技的进步，依托互联网平台实现就业，其就业方式有别于传统的稳定就业和灵活就业的劳动者。与传统意义上的职工相比，新就业形态劳动者具有组织方式平台化、工作机会互联网化、工作时间碎片化、就业契约去劳动关系化及

流动性强、组织程度偏低等特点。

按照用工方式不同，新就业形态劳动者一般包括以下几类：一是与平台企业或加盟、代理、外包平台业务的合作企业、劳务派遣企业建立劳动关系或形成事实劳动关系，完成平台企业、平台、平台内经营者等所赋予工作任务的劳动者；二是依托互联网平台，与平台企业不完全符合确立劳动关系情形，根据平台规则完成工作和接受劳动管理，获取劳动报酬的劳动者；三是依托平台，依法从事个体经营或个人自主利用自己的体力、专业技能等从事劳务、咨询、设计等活动，并取得劳动报酬的劳动者。

03 为什么要组织新就业形态劳动者加入工会?

2018 年 10 月 29 日，习近平总书记在同中华全国总工会新一届领导班子成员集体谈话时指出，工会要通过多种有效方式，把快递员、送餐员、卡车司机等灵活就业群体、各类平台就业群体吸引过来、组织起来、稳固下来，使工会成为他们愿意依靠的组织。习近平总书记的重要指示为工会组织新就业形态劳动者入会指明了方向。工会作为职工利益的代表者和维护者，作为亿万职工的“娘家人”，不断扩大工会组织和工会工作对新就业形态劳动者的有效覆盖，既是贯彻落实习近平总书记重要指示和党中央决策部署的重要举措，也是积极适应新形势、新任务，认真履行基本职责，切实服务职工群众的必然要求。最大限度地把新就业形态劳动者组织到工会中来，已成为当前和今后一个时期各级工会的重要任务。

04 加入工会能享受到哪些权利？

《中国工会章程》规定，工会会员享有以下6种权利：（1）选举权、被选举权和表决权。（2）对工会工作进行监督，提出意见和建议，要求撤换或者罢免不称职的工会工作人员。（3）对国家和社会生活问题及本单位工作提出批评与建议，要求工会组织向有关方面如实反映。（4）在合法权益受到侵犯时，要求工会给予保护。（5）工会提供的文化、教育、体育、旅游、疗休养、互助保障、生活救助、法律服务、就业服务等优惠待遇；工会给予的各种奖励。（6）在工会会议和工会媒体上，参加关于工会工作和职工关心的问题的讨论。

05 还没有加入工会的新就业形态劳动者，是否也能享受到某些工会服务？

全国总工会提出，各级工会要通过深化维权服务吸引新就业形态劳动者入会。特别是坚持服务先行，打造线上、线下有机融合的服务新就业形态劳动者的工作体系，包括争取社会力量支持参与，探索面向货车司机等重点群体的关爱基金和意外伤害险等服务项目，开展以满足新就业形态劳动者需求为导向的服务活动。例如，工会建设的户外劳动者服务站点、“司机之家”等，目前没入会的新就业形态劳动者也能进入其中享受服务。因此，无论入会与否，新就业形态劳动者都可以享受工会提供的某些服务。加入工会，便能更好地参与工会活动、工会事务，感受到工会大家庭的温暖。

06 生活上遇到困难的新就业形态劳动者能向工会申请帮助吗?

工会是职工之家，工会干部是职工可依靠、可信赖的“娘家人”。近年来，全国总工会和各级工会叫响做实“职工有困难找工会”品牌工作，聚焦新就业形态劳动者最关心、最直接、最现实的需求，帮助解决他们急、难、愁、盼的实际问题。

目前，各地都有工会主办的困难职工帮扶中心，大家有困难可以前往求助。这是工会开展困难职工帮扶救助的有效载体，是

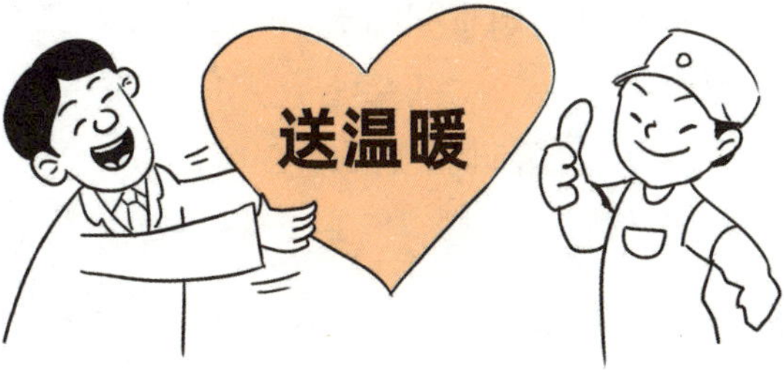

工会“送温暖”工程的重要组成部分。工会“送温暖”工程始于 1992 年，工会干部“进万家门，知万家情，解万家难，暖万家心”，产生了积极的社会影响。近 30 年来，这项活动逐步向常态化、制度化和社会化方向发展，帮扶困难职工的长效机制也已建立、健全，帮扶重点对象是下岗失业人员，老、弱、伤、病、残职工及因遭受意外灾害、本人或家庭成员患大（重）病等造成生活困难的职工群体。工会通过信访接待及提供政策咨询、职业介绍、职业培训、法律援助、生活救助等多种形式，为困难职工提供直接、快捷、方便的帮助和服务；与有关部门配合，帮助解决困难职工在就业、医疗、生活、子女上学等方面遇到的困难和问题，依法保障职工合法权益。

07 夏天在室外工作，工会能提供哪些高温福利？

工会开展的夏季为职工“送清凉”活动，实际上是工会“送温暖”工程的延伸和组成部分，目的是当好“娘家人”，提供贴心服务，保护职工的健康。除了在炎热的天气里为高温天气作业者及高温作业者送去防暑降温的用品、饮料外，更重要的是，工会还会通过多种途径，协同劳动监察部门，督促企业落实高温作业津贴，保障职工的合法权益。与此同时，高寒作业的劳动保护也引起了工会的高度关注，目前许多地方的工会组织都在为发放高寒作业津贴作努力。

08 新就业形态劳动者的子女上学交不起学费，工会能提供哪些帮助？

孩子是未来的希望，让孩子接受教育是每位家长的期许。但是，对由于各种原因造成经济困难的职工来说，要实现子女正常上学也是个难题。“有困难找工会”，为帮助困难职工子女解决上学难等问题，各地工会每年都会积极开展“金秋助学”活动，专门对困难职工子女进行帮扶。“资助一个困难家庭，就能改变一个孩子的命运；帮助一个孩子成长，就能成就一个家庭的梦想。”尽管各地的资助标准不同，但目的都是帮助困难职工子女顺利完成学业。这是一项职工群众关心、备受社会瞩目的“民心工程”，也是事关社会发展、寄托职工期许的“希望工程”。

09 拨打“12351”能直接找到工会吗？

“12351”热线是职工服务热线，是职工群众表达利益诉求的重要渠道，更是工会联系职工群众的有效平台。“12351”热线通过接听职工诉求信息，调查、处理劳动争议和矛盾纠纷，维护职工合法权益，确保职工诉求“事事有回音，件件有落实”。热线的受理范围包括：职工对工会劳动法律、法规和政策等方面的咨询；职工对需要帮扶及解决的生活困难的求助；职工对侵害自身合法权益行

为的控告、申诉；职工对紧急突发事件和重大安全事故的报告。对于职工通过热线电话反映的问题及要求，“12351”热线按照“分级负责、归口办理”“谁主管、谁负责”“属地管理”和及时就地就近依法解决问题与思想疏导相结合的原则，分别作出处理。

为拓宽职工咨询渠道，顺应“互联网+”平台的发展趋势，各地工会还在积极探索“12351”热线的延伸应用。例如，北京市总工会建立了“12351”职工服务网，推出了“12351”App，提供了多项会员服务，并且贴心地扩大了职工之家、职工暖心驿站在线上地图上的定位范围，方便新就业形态劳动者及时、就近享受服务。

10 看到快递员被评选为全国劳动模范，怎样才能获得这样的荣誉？

劳动模范是社会主义建设事业中成绩卓著的劳动者，被授予这个称号会受到社会的普遍尊敬。劳动模范分为全国劳动模范与省、部委级劳动模范，有些市、县和大企业也评选劳动模范。全国劳动模范是中共中央、国务院授予的最高荣誉称号。劳动模范的产生，要经职工民主评选、有关部门审核和政府审批。

在获得“劳动模范”荣誉称号之前，可以先争取获得五一劳动奖章，这是全国总工会为奖励在社会主义各项建设事业中作出突出贡献的职工而颁发的荣誉奖章。在评选全国劳动模范时，五一劳动奖章获得者将被优先考虑。

11 新就业形态劳动者想要继续学习、提升自己，工会能提供哪些帮助？

各地工会开展的“求学圆梦行动”，就是针对既有学历提升需求，又符合入学条件的职工“量身打造”的继续教育项目。它整合了政府部门、工会组织、高等院校、行业协会、企事业单位和其他社会资源，共同投入，协力合作，建立了学历与非学历教育并重、产教融合、校企合作、工学结合的职工继续教育新模式，借以提升职工的学历层次和技术技能水平，帮助职工实现体面劳动和幸福生活，有效服务经济社会转型发展和产业结构调整升级。

12 新就业形态劳动者能参加工会举办的“安康杯”竞赛吗?

“安康杯”竞赛是取“安全”和“健康”之意而设立的把竞争机制、激励机制应用于安全生产活动中的群众性竞赛活动，是劳动竞赛在安全生产工作中的具体实践和延伸，有利于发挥职工群众在安全生产和职业病防治工作中的积极性，防范和遏制事故发生，推动安全生产和职业病防治形势持续稳定好转。

“安康杯”竞赛的主题是依据时下安全生产的主要问题并结合工会工作的特点而确定的。例如，2019 年，黑龙江省绥化市总工会组织快递行业“安康杯”竞赛，为做好“双十一”期间旺季生产安全提供了服务保障，对增强全员安全责任意识起到了积极作用。

13 工会能为新就业形态劳动者提供疗休养服务吗？

为了保障劳动者的休息权、健康权，组织职工疗休养是工会的一项传统工作。《中国工运事业和工会工作“十四五”发展规划》指出，“十四五”期间，各省级总工会至少有一家具有区位和资源优势、具有特色疗养服务和较强接待能力的工人疗休养院，每年组织劳模、职工疗休养达到 500 万人次，其中技术工人疗休养达到 100 万人次。

目前，各地工会也在积极组织新就业形态劳动者的疗休养活动。例如，福州市总工会举办了疗休养示范专班，组织快递行业职工游览自然风光、体验畲族文化，还开设了“减压调适，从心开始”心理健康讲座，邀请专家开展职业心理健康讲座，让快递员们缓解压力，以健康向上的心态投入工作和生活。

14 新就业形态劳动者可以去工会户外劳动者服务站点享受服务吗？

劳动者港湾、爱心驿站、暖心驿站、爱心接力站等工会户外劳动者服务站点就是为包括快递员、外卖配送员、网约车司机等在内的户外劳动者设立的。

针对长期困扰户外劳动者的吃饭难、喝水难、休息难、如厕难等现实难题，全国总

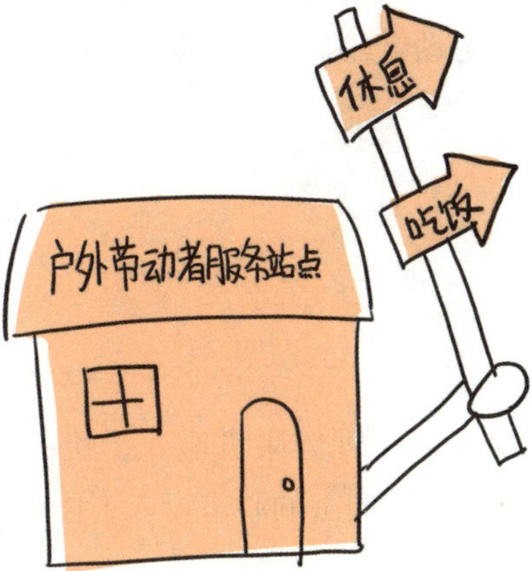

工会从2016年开始，组织各级工会在全国各地大力推行建设户外劳动者服务站点，让劳动者“累了能歇脚，渴了能喝水，没电能充电，饭凉能加热”。

5年来，各级工会因地制宜，通过自建、共建等方式，整合社会资源，吸纳各方力量，建成了8万余个户外劳动者服务站点，成为工会服务职工的重要平台。未来，全国总工会将进一步发挥工会枢纽型社会组织作用，主动联系、协调相关政府部门，引导社会公益组织和爱心企业参与到这项工作中来，切实改善户外劳动者的工作、休息条件。

15 很早之前就听说过工会建的职工书屋，里面的书可以免费阅读吗？

职工书屋建设始于2008年，是全国总工会为保障广大职工特别是一线职工、农民工的基本文化权益，丰富职工精神文化生活，助力职工学习、提高素质，在全国各级工会推广的一项重要文化工程、公益工程，主要建在职工集中的企事业单位、工业园区、重点建设项目工地、城镇社区工会等。目前，遍布全国的职工书屋已有10万余家，走进了普通职工的日常生活，成为亿万职工的精神文化家园。此外，为适应“互联网+”发展趋势，全国总工会还推出了全国工会电子职工书屋，覆盖了网站、App、微信、数字阅读一体机等终端，实现了“一人一书屋、无处不阅读”。大家熟知的《中国诗词大会》冠军、快递员雷海为便是职工书屋的代言人之一。

16 工会建的“司机之家”提供什么样的服务?

“司机之家”是由全国总工会和交通运输部联合发起，普遍坐落于高速公路服务区、国省干线公路服务站、骨干物流通道货物集散地、物流园区，具备住宿餐饮、停车安保、宣传教育、配套服务等基本功能，能为货车司机提供舒适便捷、经济实惠的休息场所，能让货车司机在行驶途中“喝口热水、吃口热饭、洗个热水澡、睡个安稳觉”。

目前，全国已推进建设 700 余个“司机之家”。全国总工会会同交通运输部等 16 个部门联合印发了《关于加强货车司机权益保障工作的意见》，持续推进惠民利民政策举措，保障货车“有地停”，让货车司机“放心停”“舒心停”，让货车司机切实感受到关心、关爱。

17 各地的工人文化宫有什么用处？

工人文化宫是职工学习知识、增长才干、陶冶情操、进行文化娱乐活动的“学校和乐园”，是工会为职工群众提供文化娱乐活动的主要场所和进行思想政治教育的主要阵地。《中国工运事业和工会工作“十四五”发展规划》提出，要按照“突出公益、聚焦主业、自主经营、依法监管”的工作要求，更好发挥工人疗休养院、工人文化宫、职工互助保障组织等服务职工的作用。在工人文化宫里，职工能享受到丰富多彩的教育培训、文体活动等服务项目。

18 工会建的“职工之家”是做什么的?

“职工之家”，顾名思义，就是职工的家。它是指基层工会通过不断加强自身改革和建设，坚持促进企事业发展、维护职工权益，使工会成为融职工维权、生产工作、生活保障、文化娱乐、团结互助为一体的组织形式。形象地说，就是把工会组织建设成为职工群众可依靠、可信赖的“家”。

把工会建设成为“职工之家”，是全国总工会早在 1983 年就开始在基层工会推进的基础性工作，而且有标准、有验收。30 多年来，这项工作经历了组织整顿、深入推进、提高水平、创新发展、全面深化等阶段，当前已经较成熟、完善，受到了亿万职工群众的认同和欢迎。近年来，一些地方和基层工会在工会服务阵地、活动场所加挂“职工之家”标牌，使“职工之家”看得见、摸得着，进一步增强了“职工之家”的品牌影响力。

19 新就业形态劳动者能够通过职工代表大会向企业提诉求吗？

职工代表大会是企业实行民主管理的基本形式，是职工行使民主管理权力的机构。工会依照法律规定，通过职工代表大会或者其他形式，组织职工参与本单位的民主决策、民主管理和民主监督。全国总工会在《关于切实维护新就业形态劳动者劳动保障权益的意见》中特别提出，要督促平台企业在规章

制度制定及算法等重大事项确定中严格遵守法律法规要求，通过职工代表大会、劳资恳谈会等民主管理形式听取劳动者的意见诉求，保障好劳动者的知情权、参与权、表达权、监督权等民主政治权利。

例如，南京市快递行业工会联合会一届一次会员代表大会暨首届职工代表大会在2021年6月24日召开，来自全市邮政、顺丰、圆通、中通、韵达等15个品牌、64家快递企业的会议代表和部分一线快递从业人员共131人参加了大会。会上签订了涉及快递从业人员工资收入、福利、保险、人身意外伤害险、互助互济保险的《南京市快递行业专项工资集体合同》。

20 厂务公开能带来什么好处？

厂务公开是企业民主管理的一项重要制度，是指企业依照有关法律规定和政策要求，将与本单位改革发展及职工切身利益密切相关的重大问题与重要事项，通过职工代表大会和其他适当形式向广大职工公布、告知，为职工参与决策、管理和监督创造前提条件。在多年的实践中，一些企事业单位结合自身实际，探索形成了各具特色的具体做法和模式，建立了院务、校务、所务、局务、会务等多方面的公开制度。随着新就业形态民主管理制度的建立与完善，平台企业也需要实行厂务公开。作为一项经常性工作，厂务公开的运作形式灵活多样，如厂情发布会、厂务公开栏、职工意见箱、党政工联席会议等，还可借助传统媒体和网络如广播、电视、QQ群、微信群等方式实行公开。

21 参加职工互助补充保险有什么好处?

职工互助补充保险是由工会组织主办、职工自愿参与，以个人缴费为主、各方资助为辅，在职职工及其家属发生生、老、病、死、伤、残、失业、意外灾害等风险时，给予一定物质帮助的职工互助性保险。建立职工互助补充保险，是工会为职工办实事、实施“送温暖”工程的一项重要内容，能够帮助患病住院职工解决个人自负、自费医疗费用过高的困难，让职工在享受基本医疗保险待遇之外，再得到互助基金会给付的保险金，减轻经济负担。

第二章

了解工会

扫描二维码
收听语音版入会知识

22 加入工会后，工会在劳动者签订劳动合同时能发挥什么作用？

虽然劳动合同是劳动者与用人单位双方签订的，但工会有责任在劳动者签订劳动合同的过程中给予帮助和指导，以防止劳动者的权益受到侵犯。这些帮助和指导主要是对劳动者做一些宣传解释工作，让劳动者认识到签订劳动合同的重要性，并了解如何签订劳动合同、在劳动合同中有什么权利、应履行什么义务、怎样正确地履行劳动合同、违反劳动合同要承担什么法律责任、发生合同纠纷后怎么解决等问题，使劳动者依法正确签订劳动合同，避免盲目签订、事后反悔等现象发生，便于劳动合同的正确履行，维护劳动者的合法权益。

23 工资太低，工会能帮忙协商涨工资吗？

《中国工会章程》明确规定："中国工会的基本职责是维护职工合法权益、竭诚服务职工群众。"开展集体协商工作，是工会表达职工诉求、回应职工呼声的有效途径，是维护职工合法权益的一个主要手段。一直以来，各级工会始终对集体协商工作高度重视、常抓不懈。

为维护新就业形态劳动者的劳动经济权益，工会积极与行业协会、头部企业或企业代表组织就行业计件单价、订单分配、抽成比例、劳动定额、报酬支付办法、进入退出平台规则、工作时间、休息休假、劳动保护、奖惩制度等开展协商。在快递行业，已有多地通过集体协商的形式签署了提高快递员提成的集体合同。

24 如果单位不执行最低工资标准，工会能进行监督吗？

用人单位不执行最低工资标准是一种严重的违法行为。这种违法行为一经举报查实，用人单位将受到严厉处罚。工会组织有权对最低工资标准的执行情况进行全面有效监督，如发现企业不执行最低工资标准有关规定，工会组织可以提请劳动保障行政部门依法予以处理。因此，如果劳动者发现用人单位存在低于当地最低工资标准支付工资的违法行为，可以向本单位或当地的工会组织反映，寻求帮助。

25 被欠薪后，工会能帮助讨薪吗？

各级工会普遍设立了法律援助中心、“12351”职工服务热线和职工帮扶中心。遇到欠薪问题，可以及时通过这些渠道向当地的工会组织求助，工会可以提供包括法律咨询、代写法律文书或代聘律师等在内的法律帮助和服务，帮助劳动者借助劳动争议仲裁和诉讼等法律手段解决欠薪问题。必要时，工会还可以利用统一的组织系统，与跨省市工会组织联合为劳动者维权。

此外，对于因工资被拖欠出现暂时生活困难的劳动者，工会困难职工帮扶中心将及时给予必要的救助。

26 被单位无故辞退，工会能帮助维权吗?

《工会法》《劳动合同法》规定，用人单位单方解除劳动合同，应当事先将理由通知工会。工会认为用人单位违反法律、法规或者劳动合同约定的，有权要求用人单位纠正。用人单位应当研究工会的意见，并将处理结果书面通知工会。因此，当被单位无故辞退且劳动权益受到损害时，可以向工会寻求帮助，工会会与有关人员进行协商，行使知情权、建议权、监督权。必要时，工会还会安排签约律师提供相应的法律援助，支持职工依法维权。

27 失业后，工会能帮忙介绍工作吗？

市级工会一般都设有职工服务中心、职工帮扶中心等机构。职工服务中心为有求职需求的职工提供免费的就业咨询、中介服务，并不定期开展线上或线下招聘会，为职工提供就业信息。职工帮扶中心可以为有劳动能力、有就业意愿的下岗失业人员提供就业岗位信息，也可以为有创业能力或较好项目的下岗失业人员提供小额借款或小额贷款。新就业形态劳动者可以前往所在地的这些机构获取职业介绍服务，也可以拨打“12351”职工服务热线获取介绍服务。

此外，2021 年 3 月 12 日，全国总工会正式开通了全国工会就业服务平台——“工会就业服务号”。求职者可以通过微信搜索、关注公众号，浏览招聘信息并在线投递简历，也可通过电话直接联系相关用人单位。

28 工会能为新就业形态劳动者提供哪些技能培训？

全国总工会在《关于切实维护新就业形态劳动者劳动保障权益的意见》中提出，要针对新就业形态劳动者的职业特点和需求，开展职业教育培训、岗位技能培训、职业技能竞赛等活动，推动新就业形态劳动者职业素质整体提升。2021 年 7 月 27 日，浙江省海宁市邮政快递从业人员职业技能培训班开班，培训内容涵盖快递业务基础知识、快递法律法规、快递员职业道德等内容。全国多地都在积极推动针对新就业形态劳动者的技能培训工作常态化、规范化，持续提升新就业形态劳动者的技能水平和整体素质。

29 新就业形态劳动者在工作时出了车祸算工伤吗，工会能帮助维权吗？

《工伤保险条例》第十四条规定：“职工有下列情形之一的，应当认定为工伤：（一）在工作时间和工作场所内，因工作原因受到事故伤害的……（六）在上下班途中，受到非本人主要责任的交通事故或者城市轨道交通、客运轮渡、火车事故伤害的。”如果情况符合上述规定，工会会帮忙维权。

需要明确的是，出车祸时，“工作时间”和“工作场所”是两个必须同时具备的条件，还必须是“因工作原因”而受伤。“上下班途中”的事故伤害是指从居住的住所到工作区域之间的必经路途、必要时间内所发生的人身伤害事故。受到机动车事故伤害的，还可能涉及伤者非法或无证驾驶的问题。对于非法或无证驾驶行为达到交通肇事程度的，不予认定为工伤。

30 在平台接单遇到不合理处罚，工会能帮忙申诉吗？

不少网约车司机、外卖配送员、快递员反映，在收到部分顾客的不合理投诉时，平台往往会“不分青红皂白”地作出处罚，而他们很难有申诉成功的机会。为了解决类似问题，维护劳动者合法权益，全国总工会提出，要探索平台企业实行民主管理的方式方法，注重发挥产业、行业工会作用，引导平台企业和劳动者在劳动报酬、奖惩办法、工作时间、劳动定额等方面进行协商，为劳动者搭建理性有序的表达合理利益诉求的渠道。如果遇到申诉困境，可向当地工会反映有关情况，工会可以代表劳动者，通过民主管理的方式与资方平台就“以罚代管”等问题进行协商或监督。

31 如果遇到劳动纠纷，工会能提供哪些法律援助？

工会不仅对职工的劳动纠纷进行法律援助，根据全国总工会《工会法律援助办法》规定，工会法律援助的范围还包括：劳动争议案件；因劳动权益涉及的职工人身权、民主权、财产权受到侵犯的案件；工会工作者因履行职责合法权益受到侵犯的案件；工会组织合法权益受到侵犯的案件；工会认为需要提供法律援助的其他事项。工会法律援助的形式包括：普及法律知识；提供法律咨询；代写法律文书；参与协商、调解；仲裁、诉讼代理；其他法律援助形式。该办法还特别注明，农民工因请求支付劳动报酬或者工伤赔偿而申请法律援助的，不受规定的经济困难条件的限制。

32 工会对女性新就业形态劳动者有特殊的关照吗？

工会历来重视女职工工作，在组织上专门设立了各级女职工委员会，许多用工单位还与行政方签订了女职工权益保护专项集体合同，发挥了积极作用。

从 2011 年 3 月起，全国总工会女职工委员会启动了“女职工关爱行动”，组织各级工会积极推进女职工“两癌”（乳腺癌、宫颈癌）检查，建设女职工休息哺乳室，提供工会爱心托管服务、会聚良缘工会婚恋服务等，对家庭困难的女职工开展日常帮扶，对女职工开展心理关怀等，为女职工提供了贴心的服务。

33 在大城市打拼工作压力大，工会能提供哪些心理疏导?

《关于切实维护新就业形态劳动者劳动保障权益的意见》提出，要开展心理健康教育，提升新就业形态劳动者适应城市生活、应对困难压力、缓解精神负担的能力。随着生活和工作节奏的加快，职工承受的压力也在不断增加，与心理有关的疾病呈逐年上升趋势，不仅危害职工的身心健康，也影响企业的正常运转。近年来，各地工会对职工的心理健

康问题越来越重视，开展了形式多样的职工心理健康服务活动。一些地方工会更是针对互联网时代的特征，探索了线上、线下相结合的职工心理健康服务形式。如青岛市总工会在建立了百余家职工心理健康服务中心、职工心理健康服务站（室）的基础上，研发建设了“心世界·新天地”职工心理健康服务平台，开通了24小时公益热线，提供全时段心理咨询服务。职工可通过手机端和PC端免费学习心理知识，进行自主心理测评和心理咨询等。

34 很多新就业形态劳动者都因过度劳累患有病痛，工会能提供哪些健康服务？

全国总工会调查显示，大多数新就业形态劳动者在户外工作，劳动时间长、劳动强度大。某地工会调研显示，40.2% 的新就业形态劳动者无法实现每周双休，仅能在春节期间休息的占 10.6%；大量从事快递、送餐工作的劳动者被算法精准掌控，为完成定额任务承受着巨大的身体负担和精神压力。为此，

全国总工会与人社部、国家发改委等八部门联合发布《关于维护新就业形态劳动者劳动保障权益的指导意见》，规定企业要严格执行国家劳动安全卫生保护标准，不得制定损害劳动者安全健康的考核指标，强化恶劣天气等特殊情形下的劳动保护，最大限度地减少安全生产事故和职业病危害。各级工会也在努力推进关爱新就业形态劳动者身体健康与职业病防治的行动，如北京市总工会投入1500万元，为1.6万名快递员、外卖配送员、货车司机等新就业形态劳动者提供免费健康体检服务。

35 工会怎样帮助大家平安返乡？

每年元旦、春节期间，各地工会特别是京津地区、长三角和珠三角地区的工会，都会协同交通运输部门组织在异地务工的劳动者平安返乡，为他们争取经济补贴，帮他们购买车（船）票，有的还会包专车、专列甚至专机送异地务工劳动者返乡。例如，广东省总工会和珠三角各地工会通过联合铁路、交通运输等部门，为在粤务工的异地劳动者提供团体售票、流动售票、上门售票服务。2014 年以来，广东省总工会联合有关部门及

地市打造“暖流行动”，护送由数十万名异地务工劳动者组成的“摩托车大军”返乡过年。“暖流行动”是广东省总工会在春运期间开展的广东工会“平安返乡号”系列活动之一。在返乡路上，工会为异地务工返乡人员一路免费供应热姜粥、热开水、常用药品，为其免费加油、免费检修车辆，并提供免费打电话、免费医疗服务，同时开展交通安全知识宣传，使沿途返乡的异地务工劳动者感受到了工会“娘家人”的温暖。

36 有工会专门为货车司机提供的保险服务吗？

为了坚持服务先行，打造服务新就业形态劳动者工作体系，工会积极探索面向货车司机等重点群体的关爱基金和意外伤害险等服务项目。比如，全国总工会所属的中国职工发展基金会向江苏省货车司机赠送 1000 份意外保险，提供 10 万元 / 人的意外伤害保障。中国职工发展基金会安徽职工发展专项基金向加入工会组织的“路歌卡友地带”货车司机赠送 2 万份“卡友保”医疗保险，提供高达 100 万 / 人的重特大疾病保障。安徽省蒙城县总工会 2021 年为新入会的 1580 名货车司机赠送人身意外伤害险，保险期为 1 年。该保险项目全面涵盖了人身意外伤害保险的情形，包括意外事故造成死亡、伤残及意外事故住院医疗费用，约定伤残互助金最高达 2 万元、身故和丧葬互助金最高达 4 万元。

37 工会怎样对新就业形态劳动者的劳动保障权益进行“源头维护”？

工会的“源头维护”是指工会通过代表职工参加人民代表大会、政治协商会议或与政府的联席会等途径，推动建立、健全劳动保障法律、制度及政策措施等。全国总工会在《关于切实维护新就业形态劳动者劳动保障权益的意见》中提出，要积极推动和参与制定、修改劳动保障法律法规，充分表达新就业形态劳动者意见诉求，使新就业形态劳动者群体各项权益在法律源头上得以保障；配合政府及其有关部门，加快完善工时制度，推进职业伤害保障试点工作，推动司法机关出台相关司法解释和指导案例。

38 工会怎样为新就业形态劳动者进行劳动经济权益维护方面的法律监督?

全国总工会在《关于切实维护新就业形态劳动者劳动保障权益的意见》中提出，工会应督促平台企业在规章制度制定及算法等重大事项确定中严格遵守法律法规；加强劳动法律监督，配合政府及其有关部门监察执法，推行包括劳动法律监督“两书”制度、开展劳动用工“法律体检”等在内的工会劳动法律监督工作。同时针对重大典型违法行为及时发声，真正做到哪里有职工，哪里就有工会组织；哪里的职工合法权益受到侵害，哪里的工会就要站出来说话。

第三章

加入工会

扫描二维码

收听语音版入会知识

39 互联网平台企业能建立工会吗？

根据《工会法》规定，作为用人单位的互联网平台企业应当依法建立工会组织。

目前，各级工会正在深入开展新就业形态劳动者入会集中行动，聚焦重点行业、重点领域，着力推动互联网平台企业特别是头部企业及所属子公司、分公司，以及货运挂靠企业、快递加盟企业、外卖配送代理商、劳务派遣公司等关联企业普遍建立工会组织，完善组织架构，广泛吸收新就业形态劳动者入会。

40 除了平台企业工会，新就业形态劳动者还可以在哪里加入工会组织？

新业态的迅速发展给传统的工会组建模式带来了挑战。全国总工会要求各地工会根据地方和行业实际，可以按一个或多个行业成立以覆盖新就业形态劳动者为主的行业工会联合会，作为吸收新就业形态劳动者入会和管理服务的重要载体。有条件的要配备社会化工会工作者，保障工作经费。与此同时，努力完善“小三级”工会组织体系，建强乡镇（街道）、村（社区）工会组织，承担新就业形态劳动者入会“兜底”功能。此外，对应党建片区、社会治理网格、园区、商圈、楼宇等，建立相应的区域工会，推行工会网格化模式，扩大有效覆盖。以上这些工会组织形式，新就业形态劳动者都可以申请加入。

41 与用人单位建立了劳动关系或符合确定劳动关系情形的新就业形态劳动者怎么加入工会？

与用人单位建立了劳动关系或符合确定劳动关系情形的新就业形态劳动者，应加入用人单位工会。用人单位没有成立工会的，可加入用人单位所在地的乡镇（街道）、开发区（工业园区）、村（社区）工会或区域性行业性工会联合会、联合工会等。待用人单位建立工会后，及时办理会员组织关系接转手续。

42 不完全符合确立劳动关系情形及个人依托平台自主开展经营活动等的新就业形态劳动者怎么加入工会？

不完全符合确立劳动关系情形及个人依托平台自主开展经营活动等的新就业形态劳动者，可以加入工作或居住地的乡镇（街道）、开发区（工业园区）、村（社区）工会或区域性行业性工会联合会、联合工会等。鼓励平台企业、挂靠企业工会等吸纳新就业形态劳动者入会。

43 以劳务派遣形式就业的新就业形态劳动者怎么加入工会？

以劳务派遣形式就业的新就业形态劳动者加入工会，依照《中华全国总工会关于组织劳务派遣工加入工会的规定》（总工发〔2009〕21号）执行。

根据该文件，劳务派遣工应首先选择加入劳务派遣单位工会。劳务派遣单位没有建立工会组织的，劳务派遣工可直接加入用工单位工会。劳务派遣单位、用工单位均没有建立工会的，可加入劳务派遣单位或用工单位所在地的乡镇（街道）、开发区（工业园区）、村（社区）工会或区域性行业性工会联合会、联合工会等。

44 在一地加入工会后，会不会因为工作地变动而丢失工会会员关系？

《关于推进新就业形态劳动者入会工作的若干意见（试行）》中指出，新就业形态劳动者会员劳动（工作）关系在哪里，会籍就在哪里，实行一次入会、动态接转。各级工会加强流动会员管理，畅通组织关系接转渠道；探索基层工会联合会直接发展会员方式；及时将新就业形态劳动者会员纳入基层工会组织和工会会员数据库实名动态管理，逐步打通网上接转会员组织关系通道。综上，因工作地变动不会丢失工会会员关系。

45 工会有哪些集中入会活动供新就业形态劳动者参加？

为适应新就业形态劳动者用工关系复杂、就业灵活、流动性大等特点，各地工会一直在积极优化入会流程，方便组织劳动者入会；探索推行集体登记入会、流动窗口入会、职工沟通会现场入会等集中入会方式。例如，2021 年 10 月 28 日，全面推进快递企业“会、站、家”一体化建设启动暨非公快递企业 5 万名职工网上集中入会仪式在浙江省杭州市桐庐县举行，5 万名快递员在网上集中同步加入工会并获颁会员证和会徽。

46 线下不方便入会，可以在网上入会吗？

针对新就业形态劳动者多依托互联网平台就业的实际，结合智慧工会建设，各级工会已加快推进网上入会步伐，逐步健全支持网上便捷入会的数据系统和服务平台。目前，已经有很多地区支持网上入会全流程操作。例如，在北京市总工会推出的“北京工会 i 会员”微信小程序上，新就业形态劳动者只需几步即可完成入会信息的填写，待工作人员在后台即时审核后，几分钟之内便能收到成为工会会员的短信提醒。

47 被互联网平台要求注册为个体工商户，会对入会产生影响吗?

互联网平台要求在其平台就业的劳动者注册为个体工商户，目的是模糊事实劳动关系，规避用工主体责任，一旦发生劳动争议，新就业形态劳动者会由于劳动关系难以认定而导致维权困境。遇到这种情况，可以找工会请求法律援助。从理论上来说，只要用工实际情况符合劳动关系构成要件，在法律上就应当认定为劳动关系。如果证明强迫或诱导平台劳动者注册为个体工商户且并非劳动者的真实意思表示，发生劳动争议时仍可以被法院认定为双方存在劳动关系。面对这种情况，加入工会是最佳选择。工会有法定的地位和职能，有遍布全国的组织体系，有兢兢业业为维护职工权益奔走的各级工会工作者，能够更有效地维护新就业形态劳动者的合法权益。

48 加入工会需要交纳会费吗?

作为工会组织开展工作所必需的资金费用，工会经费主要用于为职工服务和工会活动。工会经费的其中一项来源就是工会会员交纳的会费。交纳会费是工会会员的义务，是会员作为工会组织成员的具体体现，是会员与工会建立组织关系的手段。《中国工会章程》规定的会员义务就有“遵守工会章程，执行工会决议，参加工会活动，按月交纳会费”。

按现行规定，会员交纳的会费全部留在基层工会，无须上交。也就是说，职工交的工会会费最终还是流向职工，用于本单位工会活动，服务工会会员。事实上，职工交的工会会费都会按照相关规定用在自己身上，如工会开展的法律援助、素质技能提升、体检、疗休养、困难帮扶、“送温暖”、劳动保护、互助保障、慰问福利品发放等活动都是工会会费在发光发热，真正做到“取之于职工，用之于职工”。

鉴于部分新就业形态劳动者无工资性收入的实际情况，一些地方探索了定额交纳会费的方式。例如，由上海市总工会、上海市财政局共同制定的《服务灵活就业群体工会会员项目经费使用管理办法》于2019年1月1日起实行，其中对灵活就业群体会费收缴标准进行了细化，规定会员会费按每人每年120元标准收缴（每月交纳10元），但工会提供的服务会员项目经费的人均标准为每人每年420元，也就是说，每年交纳120元的会费，就能享受到420元的服务。

按照全国总工会相关规定，工会会员按本人工资收入的0.5%计算交纳会费，工资尾额不足10元部分以及各种奖金、津贴、稿费收入等均不计入交纳会费的基数。

49 工会会员卡有哪些用处?

为满足工会会员多样化的需求，一些地方工会探索通过发行工会会员卡，在互助保险、日常消费、城市公交、金融服务、休闲度假、文化娱乐和志愿者服务方面，为广大会员提供多样化普惠服务。例如，长春市总工会以工会会员卡为载体，依托互联网技术发展，创建了“一卡一网一体系”的“互联网 + 普惠服务”模式，让工会服务更普遍地惠及会员。通过卓有成效的服务模式，长春市总工会共撬动社会资金 1.25 亿元、项目投入和补贴 9652 万元，让近 15 万名持卡会员享受在职职工住院医疗、非工伤意外伤害及家庭火灾损失补贴近 5000 万元，500 余万人次的持卡会员享受到不同程度的免费和优惠服务，会员受益资金达 2.2 亿元。

50 工会为新就业形态劳动者入会工作提供哪些经费保障?

各级工会一直在持续加大投入，逐步建立、健全新就业形态劳动者入会工作经费保障机制。推行新就业形态劳动者入会项目制，争取财政资金和社会力量投入，探索多元化投入机制，多渠道解决新就业形态劳动者入会工作经费保障不足等现实问题。

同时，针对新就业形态劳动者收入不稳定、难以确定交纳会费基数的实际，各级工会也在不断加强对会费交纳问题的探索研究，努力提高新就业形态劳动者入会的动力。

例如，广州市总工会投入专项经费 220 万元，对行业工会围绕建会、入会、劳动竞赛等开展的优秀活动项目给予 2 万 ~ 6 万元的补助，推动形成有影响、有特色、有实效的行业工会工作品牌。

图书在版编目（CIP）数据

新就业形态劳动者入会知识50问 / 学习强会编.
—北京：中国工人出版社，2021.11
ISBN 978-7-5008-7757-8

Ⅰ.①新… Ⅱ.①学… Ⅲ.①工会工作－中国－问题解答 Ⅳ.①D412.6-44

中国版本图书馆CIP数据核字（2021）第214575号

新就业形态劳动者入会知识50问

出 版 人　王娇萍
责任编辑　习艳群　李思妍
责任印制　栾征宇
出版发行　中国工人出版社
地　　址　北京市东城区鼓楼外大街45号　邮编：100120
网　　址　http://www.wp-china.com
电　　话　（010）62005043（总编室）
　　　　　（010）62005039（印制管理中心）
　　　　　（010）82075935（职工教育分社）
发行热线　（010）82029051　62383056
经　　销　各地书店
印　　刷　北京市密东印刷有限公司
开　　本　787毫米×1092毫米　1/32
印　　张　2.5
字　　数　30千字
版　　次　2021年11月第1版　2023年12月第11次印刷
定　　价　12.00元